처음 공학 그림책 2

탄탄하게  도로

이케우치 리리 그림
최진선 옮김
김성렬 감수

너머학교

 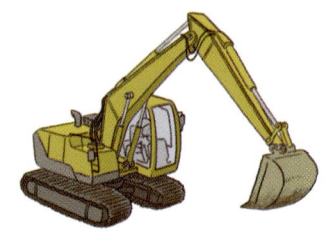 

차례

[공사를 시작하며] 생활을 뒷받침하는 도로 ······ 3

도로를 만들자 ······ 4

- 나무를 베어 숲을 비우자 ······ 6
- 여기저기 몽땅 측량하자 ······ 8
- 파내고, 덮고, 평평하게 ······ 10
- 물이 고이지 않게 궁리하자 ······ 12
- 고르고 단단하게 ······ 14
- 또다시 고르고 단단하게 ······ 16
- 뜨거울 때 넓-게 펴자 ······ 18
- 안전 규정을 지켜서 안전하게 ······ 20

도로가 생겼다! ······ 22

[공사를 마치며] 새로운 도로, 새로운 관계 ······ 24

도로는 이어져요, 어디까지라도 ······ 25

- **도로의 시작** 동물들의 길 / 포장 ······ 25
- **고대의 도로** 멋진 돌길 / 비포장 ······ 26
- **사람이 있는 곳에는 도로가 있어요** 세계의 도로를 구경해요 ······ 27

도로 공사에서 활약하는 중장비들 ······ 30

공사를 시작하며

생활을 뒷받침하는 도로

어딘가 가려고 할 때 우리는 어느 도로로 가면 좋을지를 생각해요.
예를 들어, 아침에 학교에 갈 때 정해진 통학로를 지나는 것처럼요.
도로 앞쪽 어딘가에 가고 싶은 장소가 있다면 우리들과 그 장소는
도로로 이어져요.
또 우리가 어디에도 가지 않고 집에 있을 때에도 도로와 이어져 있다고
할 수 있어요. 먹을 음식이나 입을 옷, 앉을 의자, 읽을 책도 모두
어딘가의 도로를 지나 우리 집까지 옮겨진 거니까요.
도로는 우리 생활을 아주 기본적인 부분부터 뒷받침해 주고 있어요.

도로에 대해 생각해 본 적이 있나요?
처음부터 거기에 있었던 것처럼 여기는데, 사실은 그렇지 않아요.
언젠가 누군가가 '여기에 도로가 있으면 좋겠어.'라는 생각을 하고,
그런 생각들이 모여서 많은 사람들이 힘을 합해 만든 거예요.

자, 이제 도로를 만들기로 했어요.
도로는 어떻게 닦을까요?
탄탄하게 만들어지는 모습을 들여다볼까요?

도로를 만들자

여기에 도로를 만들자.
도로가 생기면 모두의 생활이 훨씬 더 편리해질 거야.

나무를 베어 숲을 비우자

도로를 만들려는 곳에 숲이 있어. 그래서 나무를 베어 내고, 뿌리를 뽑아야 해. 그런 다음 땅을 파내 평평하게 만들지. 베어 낸 나무들은 트럭에 실어. 버리는 게 아니야. 필요한 곳으로 옮겨서 유용하게 쓸 거야.

일하는 차가 대활약!

나무는 전기톱으로 한 그루씩 베어 내요. 베어 낸 자리에는 커다란 뿌리가 남아 있어요. 뿌리를 뽑아낼 때는 굴착기같이 힘센 중장비가 대활약을 하지요. 도로 공사 현장에서는 나무와 흙을 실어 나르는 트럭과 힘자랑하는 중장비가 이리저리 바쁘게 움직여요.

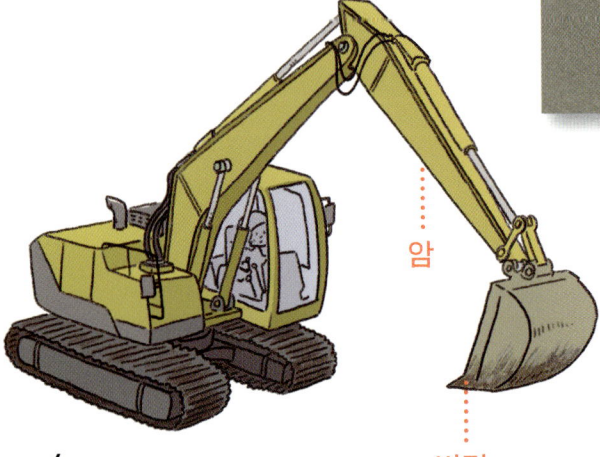

암
버킷

굴착기

긴 기계 팔(암) 앞에 땅을 파내는 데 쓰는 커다란 버킷이 달린 중장비예요. 대부분의 공사 현장에서 빠짐없이 볼 수 있는 인기 중장비이지요! 팔 끝에 여러 가지 도구를 갈아 끼워서 다른 용도로 쓸 수 있어요.

쥐는 도구

이 도로는 누구의 것?

도로는 모두 '누군가'의 것이에요. 그 주인은 '도로를 만들기로 정한 사람'이지요. 도로 주인은 나라일 수도 있고, 시 혹은 마을일 수도 있어요. '개인 도로'라는 자기만의 도로를 가지고 있는 사람도 있지요.

나라에서 만든 국도에는 고속 도로와 일반 국도가 있어요. 국도는 도로마다 각각 번호가 붙는데, 우리나라의 일반 국도 제1호선은 목포에서 신의주(북한)까지를 잇는 도로예요. 일반적으로 남쪽과 북쪽을 연결하는 도로는 홀수, 동쪽과 서쪽을 연결하는 도로는 짝수예요.

여기저기 몽땅 측량하자

나무가 없어지니 넓은 땅바닥이 보여. 여기에 어떤 모습으로 도로를 만들까?
만들고 싶은 모습대로 다듬으려면 땅바닥의 모든 곳을 측량해야 해. 길이나 높이 같은 것 말이야.
그래야 계획한 모습대로 도로를 닦을 수 있어.

온갖 곳을 측량하기

길이나 높이를 잴 때는 삼각대가 달린 카메라처럼 생긴 '토털스테이션'이라는 기계를 사용해요.
측량은 측량사 자격을 가진 사람이 해요. 두 사람이 한 조가 돼서 측량을 하지요.

토털스테이션
프리즘에 빛을 쏘아 보내서 길이나 높이를 측정하는 도구예요. 멀리까지 잘 보이는 망원경이 붙어 있어요.

미러(프리즘)
쏘아 보낸 빛을 반사시키는 데 쓰는 도구

기준점
길이나 높이를 잴 때 기준이 되는 지점

미러 (프리즘)

어디로 가지?

덤프트럭

파낸 흙을 실어 간 곳

굴착기로 파내어 덤프트럭에 실은 흙은,
흙을 쌓아 보관하는 곳이나 지면을 높이고 싶은
곳으로 옮겨요. 다른 공사 현장으로
실어 가기도 해요.

파내고, 덮고, 평평하게

울퉁불퉁하거나 너무 가파른 도로는 지나다니기 불편하고 무척 위험해. 그래서 도로는 되도록 매끈하게, 경사진 길도 최대한 완만하게 만들어. 너무 높은 곳은 흙을 깎아 평평하게 다듬고, 너무 낮은 곳은 흙을 덮어서 돋우지. 이런 일을 반복하여 도로를 평평하게 만드는 거야.

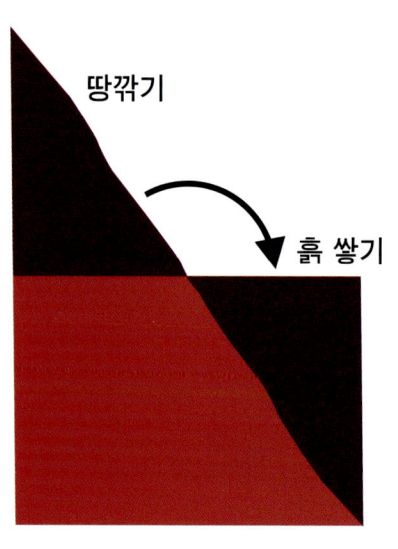

파내고, 덮고!

주변보다 높은 곳의 흙을 파내어 낮은 곳에 덮으면 땅바닥이 평평해져요.
흙을 파내는 것을 땅깎기(절토)라고 하고, 흙을 덮는 것은 흙 쌓기(성토)라고 해요.
흙을 퍼즐 조각 맞추듯 옮기며 유용하게 사용하지요.

다니기 편한 도로를 만들려면!

도로의 커브는 되도록이면 차들이 완만하게 돌 수 있도록 만들어야 해요. 커브 앞뒤에 연결된 직선 도로와 잘 이어져서 자동차 운전대를 많이 꺾지 않아도 되게, 운전하는 사람이 도로 앞을 잘 볼 수 있게 정확하게 계산해야 해요.

커다란 도로와 도로가 이어지는 교차로는 여러 커브가 이리저리 엇갈리고 만나는 곳이에요.

ⓒ셔터스톡

물이 고이지 않게 궁리하자

숲이 있을 때는 비가 내려도 빗물이 땅속으로 스며들지만, 도로를 만들면 빗물이 스며들기 어려워져. 그래서 물을 모아 흘려보내는 시설을 제대로 만들어 놓아야 해.
아주 중요한 일이지.

사진을 찰칵!

공사 현장에서는 글씨가 쓰여진 칠판을 놓고 사진을 찍는 모습을 흔히 볼 수 있어요.
즐거운 추억을 사진으로 남기는 것이 아니라, 그날 할 공사 기록을 찍어 두어야 하는 규정 때문이에요.
완성된 뒤에는 볼 수 없는 모습을 사진으로 기록하는 건 아주 중요해요.

공사 이름	○○공사
공사 종류	물길 공사
측 점	NO.15
재료반입확인	U300 N=○○개

칠판에는 날짜와 그날 할 공사 내용, 사진을 찍는 목적이 쓰여 있어요.

동물이 지나다니는 터널

도로를 만드는 곳에 작은 개천이 있거나 지하수가 흐르면 도로 아래에
물을 흘려보내는 통로를 만들기도 해요. 또, 사슴이나 너구리 같은 야생 동물이
많이 사는 곳에서는 동물들이 안전하게 도로를 지나다닐 수 있도록
동물 전용 터널을 만들기도 하지요.

고르고 단단하게

도로는 탄탄하게 만들어야지. 도로 바닥이 물렁물렁하거나 틈이 있으면 나중에 도로가 울퉁불퉁해지거나 구멍이 생겨. 그럼 아주 위험한 일이 일어날 수도 있어. 그래서 흙을 꾹꾹 눌러서 되도록 틈이 안 생기도록 단단하게 다져야 해. 흙을 조금씩 조금씩 쌓으면서 꾹꾹 눌러 주는 게 요령이야. 이렇게 해서 표면을 고르게 다듬어.

아스팔트 아래의 세계

우리가 보는 도로는 아스팔트로 덮여 있어요. 하지만 사실 아스팔트는 맨 위에 얇게 까는 것뿐이지요. 그 아스팔트의 50센티미터 정도 아래에는 꾹꾹 눌러 메워진 흙이 1미터 정도 두께로 깔려 있어요. 이 흙을 제대로 단단하게 굳히지 않으면 탄탄한 도로를 만들 수 없어요.

진동 롤러

위아래로 흔들흔들 진동하면서 다니며 땅을 고르고 단단하게 다져요.

타이어 롤러

무거운 타이어가 달린 중장비인데, 흙 위를 몇 번이고 오 가면서 단단하게 눌러 굳히는 일을 해요. 차의 좌우에 달린 탱크의 물을 뿌려 가면서 흙을 더욱 단단하게 다져요.

물을 넣는 탱크

또다시 고르고 단단하게

아직도 바닥을 단단하게 다지는 작업 중이야. 이번에는 흙이 아니라 굵은 자갈을 깔고 몇 번이나 반복해서 꾹꾹 눌러 줘. 도로를 탄력 있게 하기 위해서 자잘한 자갈도 조금 넣어. 신기하게도 이렇게 하는 게 도로를 오래 쓸 수 있게 만드는 비법 중 하나야.

자갈이 쿠션이에요

자갈은 알갱이가 좀 굵고 작은 돌이에요. 흙이나 모래보다 알갱이가 크기 때문에 사이사이에 조금씩 틈이 생기지요. 그게 바로 쿠션 역할을 하는 거예요. 그저 단단하기만 하면 무겁고 강한 힘이 누를 때 도로가 쉽게 망가지기 때문에 그것을 막기 위한 대책이라고 할 수 있지요.

모터 그레이더

자갈을 평평하게 까는 일을 하는 차예요.

삼륜 롤러(머캐덤 롤러)

무거운 쇠 타이어가 달린 차예요. 바닥을 단단하게 다지는 일을 하지요.

여기가 쇠로 만들어졌어요.

뜨거울 때 넓-게 펴자

바닥에서 뜨거운 김이 피어오르고 있어. 이건 아스팔트야.
도로에 아스팔트를 깔 때는 먼저 충분히 열을 가해 데워서 부드러운 상태로 만들어.
아스팔트가 뜨끈뜨끈할 때 재빨리 펴고, 무거운 롤러를 굴려 누르면서 단단하고 평평하게 깔아 나가는 거야.

뜨끈뜨끈한 상태로 운반해!

아스팔트는 석유를 원료로 만들어요. 도로에 깔 때는 아스팔트 공장에서 자갈과 섞어 170도 정도로 데워진 것을 덤프트럭으로 운반해 오지요. 110도보다 낮아지지 않도록 열이 식기 전에 사용해요.

보통 신는 장화는 아스팔트의 열에 녹아 버리기 때문에 특별히 '녹지 않는 안전화'를 신고 작업을 해요.

덤프트럭에서 호퍼로 옮겨 담은 아스팔트를 스크리드라는
부분을 통해 지면에 흘려보내며 평평하게 깔아 나가요.

아스팔트 피니셔

도로 폭에 맞춰서 정해진 두께로 아스팔트를 까는 차예요.
덤프트럭에서 호퍼로 옮겨 담은 아스팔트를 스크리드라는
부분을 통해 지면에 흘려보내며 평평하게 깔아 나가요.

호퍼

스크리드

안전 규정을 지켜서 안전하게

이제 어엿한 도로의 모습이 되었어. 사람도 차도 모두 안전하게 이용할 수 있도록 도로에 흰색 선을 긋거나 커브 길에 가로등을 설치하는 등 마무리 작업을 해. 물론 빨간색, 초록색, 노란색 신호등도 잊지 말고 설치해야지. 자, 이제 곧 완성이야!

오늘부터 다닐 수 있어요!

도로가 완성되면 도로의 주인이 이용하는 사람들에게 "이 날부터 이용할 수 있습니다."라고 알려야 해요. 그때부터 '도로법'이나 '도로 교통법'등의 법규에 따라 이용해야 하며, 금지된 일을 하면 처벌받을 수 있다고 알려 주는 거예요.

고시

OO호선을 사용 개시합니다.

OO년 O월 O일

어려운 말로 '공용 개시'라고 하는데, 나라나 시, 읍, 면 등의 홈페이지나 광고지, 시청의 게시판 등에 발표해요.

도로는 얼마나 오래 쓸 수 있나요?

도로에는 매일 차나 사람이 지나다녀요. 비나 눈이 내리면 그대로 맞을 수밖에 없고,
뜨거운 태양빛이 오랜 시간 내리쬐기도 하지요. 시간이 지날수록 도로는 조금씩 망가져요.
그래도 아스팔트를 다시 깔거나 가로등 등을 바꿔 달면서 언제까지라도 사용할 수 있어요.

생겼다!

공사를 마치며

새로운 도로, 새로운 관계

산 너머 마을과 우리 마을을 잇는 도로가 완성됐어요.
마을에 사는 사람이 산 너머에 사는 친구를 만나러 가기도 쉬워지고,
산에서 신선한 채소를 가져와 아침 일찍부터 마을에서 팔 수도 있게
됐어요. 새로운 도로가 새로운 관계를 만들어 낸 거예요.
우리들의 생활은 더욱 편리해졌죠.

도로 아래에는 라이프 라인이 지나는 경우가 많아요.
라이프 라인은 수도관, 가스관, 전선, 통신선 등 우리 생활에
꼭 필요한 중요 시설이에요.
도로는 사람이나 자동차만 지나다니는 곳이 아닌 거죠.

도로를 자세히 들여다봐요.
도로 주변을 잘 살펴봐요.
분명히 새로운 발견을 할 수 있을 거예요.

도로의 시작
동물들의 길

아주아주 먼 옛날, 사람들이 동물을 사냥하려고 숲에 들어갔지요. 발밑을 자세히 살피다가 동물들이 자주 지나다니는 곳은 풀이 밟혀서 다져져 있다는 걸 발견했어요! 그게 바로 '동물들의 길'이에요. 사람들은 그 길을 쫓아가 동물들을 잡을 수 있었어요. 여러 번 밟혀 다져진 길은 많은 사람이 지나다니는 '도로'로 쓰이게 되었고요.

도로는 이어져요, 어디까지라도

포장

도로 바닥을 평평하게 하려고 무언가를 까는 일을 말해요. 벽돌이나 평평한 돌을 가지런히 깔아 놓은 길도 포장도로라고 할 수 있어요.

걷기 좋아.
슥-슥-
달리기 좋아.

가파른 비탈길에 좋아.
아주 오래 쓸 수 있지.
거칠거칠

ⓒ아이스톡

아스팔트
매끈한 도로예요. 아스팔트는 석유 찌꺼기로 만든 검은색의 끈적끈적한 물질이에요. 온도를 높여서 데우면 부드럽게 되고, 식으면 바로 단단하게 굳어서 다루기 쉬워요. 고운 모래와 자갈을 섞어서 사용해요.

콘크리트
조금 울퉁불퉁한 도로예요. 콘크리트는 시멘트에 자갈, 모래, 물을 섞은 것으로 하얀색을 띠지요. 도로에 깐 뒤에 건조하여 단단히 굳히는 시간이 꽤 오래 걸리지만, 잘 손상되지 않아서 오래 쓸 수 있어요.

고대의 도로
멋진 돌길

지금부터 2,000년쯤 전, 이탈리아의 로마는 다른 곳에 비해 아주 번성했어요. 그때 로마 주변에는 돌을 가지런히 깔아 놓은 멋진 도로가 많이 만들어졌지요.

그중 제일 오래된 것이 동쪽 해안 가까이 있던 로마에서 출발하여 서쪽 해안까지 이어지는 아피아 가도예요. 이 길은 완성까지 70년이나 걸렸다고 해요. 지금까지도 많은 사람이 이 길을 지나다니고 있어요.

ⓒ아이스톡

비포장

포장하지 않은 도로예요.
자동차가 별로 다니지 않는 길이나 산길,
논두렁길 등이 비포장도로예요.

물빠짐이 좋아. 울퉁불퉁해.

서벅서벅

미끄러지기 쉬워.

질척질척

발 건강에 좋아.

ⓒ아이스톡

자갈
굵은 자갈을 깐 도로예요. 돌이 서로 부딪히면서 큰 소리가 나지요. 타이어 폭이 좁은 자전거로는 지나다니기 불편해요.

ⓒ아이스톡

흙
폭신폭신한 도로예요. 비가 오면 미끌미끌해지고, 마르고 나면 바람이 불 때마다 흙먼지가 날려요.

사람이 있는 곳에는 도로가 있어요
세계의 도로를 구경해요

미국

10차선 도로가 있어요!

이 고속 도로는 한 방향에 5차선이나 있는데도, 교통이 혼잡한 시간에는 자동차가 가득 몰려 정체 상태가 돼요! 여기는 미국의 로스엔젤레스예요. 미국의 고속 도로는 '프리웨이'라고 불려요. 말 그대로 통행료가 무료라니 대단하지요!

ⓒ아이스톡

중국 우아! 절벽을 파서 만든 도로예요

버스가 절벽 속으로 달린다고요? 여기는 중국의 궈량춘이에요. 마을 사람들이 절벽을 파내어 터널 도로를 만들었어요. 군데군데에 보이는 '창'은 파낸 돌을 절벽 아래로 버릴 때 사용했다고 해요. 절벽 아래가 까마득해서 지나다니는 차들은 마음이 조마조마할 것 같아요.

ⓒWikimedia Commons

파도가 밀려드는 바닷가를 달려요!

제주의 맑고 푸른 바다를 즐기며 달릴 수 있다니! 여기는 제주 구좌읍의 해안 도로예요. 우리나라에서 손꼽히는 아름다운 해안 도로지요. 자동차로 이 도로를 달리다 보면 현무암으로 만든 밭담과 해녀들의 쉼터인 불턱도 구경할 수 있어요.

대한민국

ⓒ셔터스톡

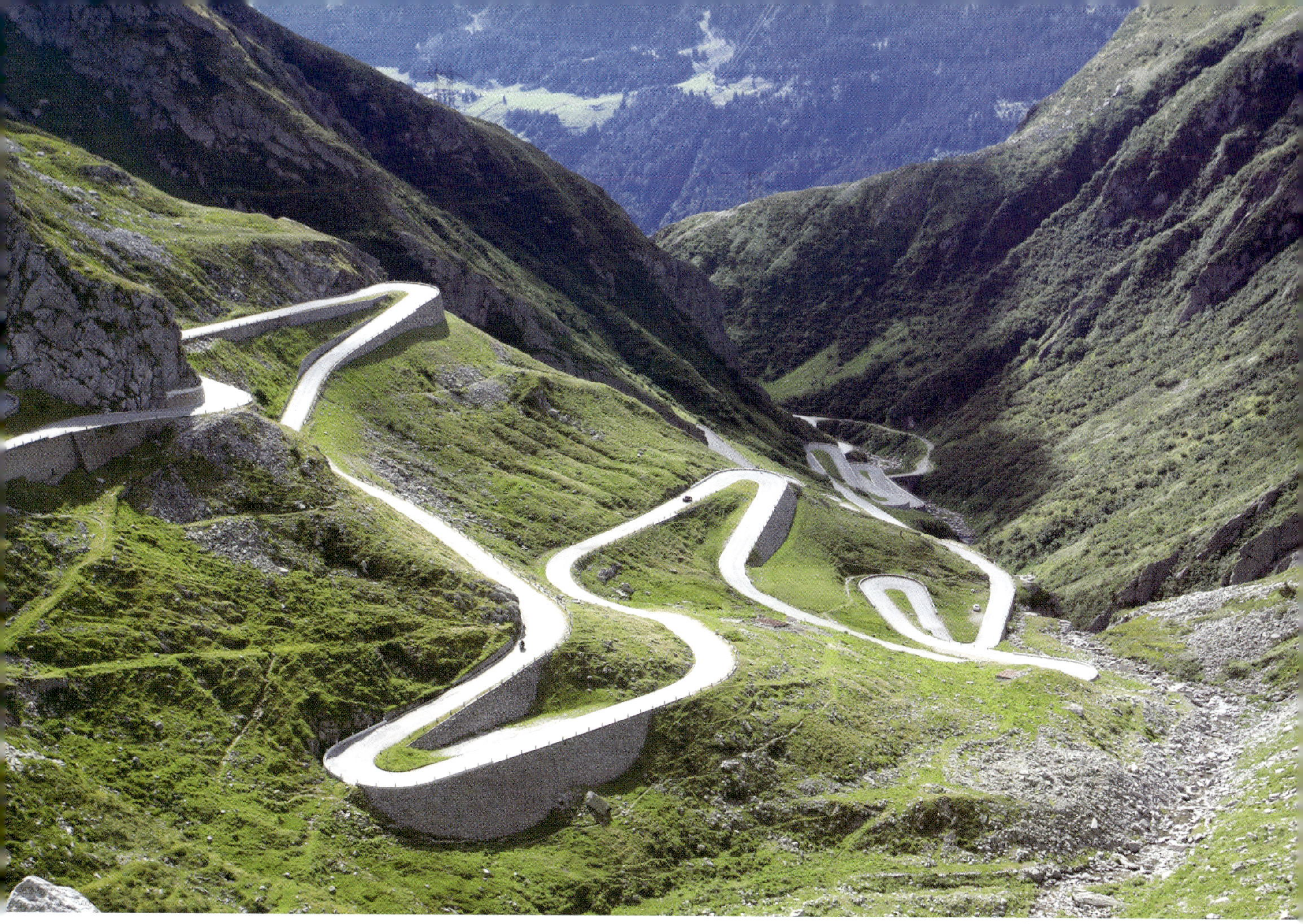

©Wikimedia Commons

산에 바짝! 구불구불한 도로 스위스

하얀 뱀처럼 구불구불 꼬인 도로가 산 표면에 바짝 붙어 있는 스위스의 고타르트 고개예요. 알프스산맥은 아주 험해서 도로를 직선으로 만들면 너무 가팔라 차도 사람도 오를 수 없어요! 그래서 지그재그 모양을 몇 번이나 반복하여 경사를 완만하게 만든답니다. 이런 도로를 '스위치백'이라고 불러요.

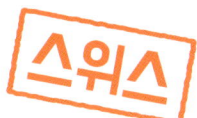

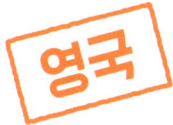

영국 밀물에 잠겨 사라지는 도로

작은 섬과 이어지는 이 도로는 바다 높이가 낮아지는 썰물 때만 지나다닐 수 있어요. 밀물이 되면 바닷물이 도로를 덮어 버려 도로가 사라지기 때문이에요. 여기는 영국의 마라지온에 있는 작은 섬, 성 미카엘 언덕이에요. 사라지는 도로는 길이가 500미터로, 돌을 가지런히 깔아 만들었어요.

©Wikimedia Commons

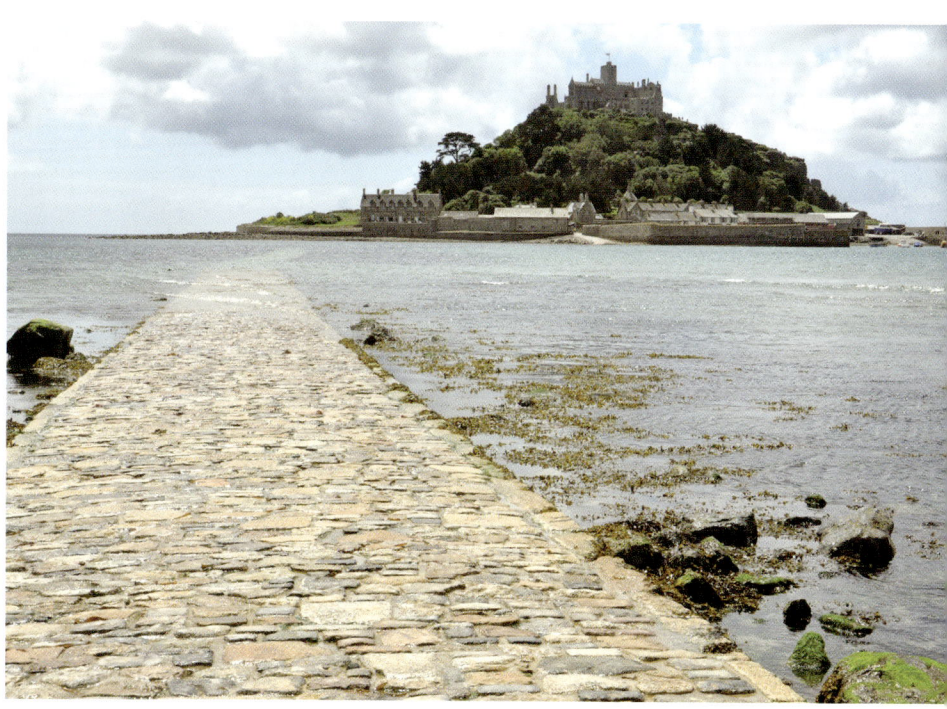

도로 공사에서 활약하는
중장비들

소형 굴착기

크기가 작은 굴착기예요. 주로 좁은 장소에서 활약해요.

불도저

흙이나 모래를 누르거나 밀거나 해서 바닥을 평평하게 만들어요. 누르는 힘이 아주 강해요.

임업용 크레인

카고 크레인 트럭

운전석 뒤에 크레인이 달려 있는 트럭이에요. 짐을 싣거나 내리기에 무척 편리하지요. 이 트럭에는 임업용 크레인이 달려 있어요.

갈아 끼울 수 있는 부분

굴착기

기계 팔(암) 끝에 달린 커다란 버킷으로 쓸어 담는 것처럼 흙을 파내고, 파낸 흙을 덤프트럭에 옮겨 담기도 해요. 버킷 대신 다른 도구로 갈아 끼울 수 있어요.

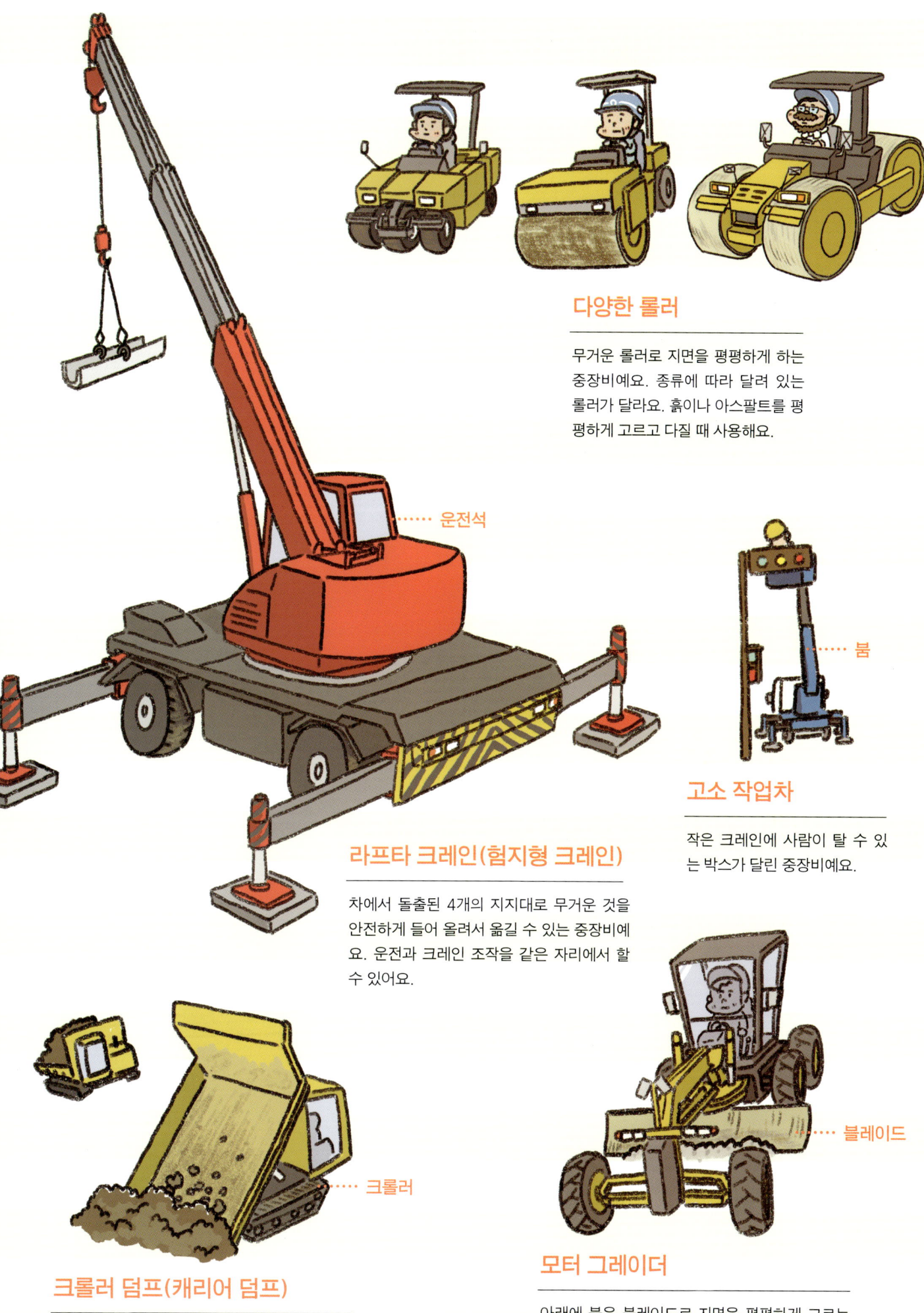

다양한 롤러

무거운 롤러로 지면을 평평하게 하는 중장비예요. 종류에 따라 달려 있는 롤러가 달라요. 흙이나 아스팔트를 평평하게 고르고 다질 때 사용해요.

라프타 크레인(험지형 크레인)

차에서 돌출된 4개의 지지대로 무거운 것을 안전하게 들어 올려서 옮길 수 있는 중장비예요. 운전과 크레인 조작을 같은 자리에서 할 수 있어요.

고소 작업차

작은 크레인에 사람이 탈 수 있는 박스가 달린 중장비예요.

크롤러 덤프(캐리어 덤프)

바닥이 울퉁불퉁한 공사 현장에서 흙이나 모래를 운반하는, 크롤러가 달린 덤프트럭이에요.

모터 그레이더

아래에 붙은 블레이드로 지면을 평평하게 고르는 일을 하는 중장비예요. 공사 현장뿐만 아니라 제설 작업을 할 때도 크게 활약해요.

그림 이케우치 리리

일본 돗토리현 돗토리시에서 태어나 도쿄에서 살고 있어요.
돗토리 환경대학교를 졸업하고 세츠 모드 세미나, 시부야 아트스쿨을 졸업한 뒤
20년간 목공, 영업 등 다양한 업종을 거쳐 일러스트레이터가 되었어요.
보는 사람의 마음을 사로잡는 코믹한 화풍이 특징이에요.

번역 최진선

이화여자대학교 대학원에서 여성학을, 일본 시가현립대학교 대학원에서
여성사를 공부했어요. 지금은 일본 간세가쿠인대학교 등에서 한국어를 강의하며
연구와 번역을 하고 있어요. 『나쁜 생각은 나빠?』 『한글, 모든 자연의 소리를 담는 글자』
등을 각각 우리말과 일본말로 옮겼어요.

감수 **김성렬** (서울대학교 공과대학 건설환경공학부 교수)

처음 공학 그림책 2
탄탄하게 도로

2020년 8월 20일 제1판 1쇄 인쇄
2020년 9월 10일 제1판 1쇄 발행

그린이	이케우치 리리
옮긴이	최진선
펴낸이	김상미, 이재민
편집	송미영
디자인	정계수
종이	다올페이퍼
인쇄	청아문화사
제본	신안제책
펴낸곳	너머학교
주소	서울시 서대문구 증가로20길 3-12 1층
전화	02)336-5131, 335-3366
팩스	02)335-5848
등록번호	제313-2009-234호

ISBN 978-89-94407-79-1 74530
ISBN 978-89-94407-77-7 74530 (세트)

DANDAN DEKITEKURU DOURO
Copyright ⓒ Froebel-kan Co., Ltd. 2019
First published in Japan in 2019 by FROEBEL-KAN Co., Ltd.,
Korean translation rights arranged with FROEBEL-KAN Co., Ltd.,
through JM Contents Agency Co,
Korean edition copyright ⓒ 2020 by Nermerbooks

Supervised by KAJIMA CORPORATION
Illustrated by IKEUCHI Lilie
Designed by FROG KING STUDIO

www.nermerbooks.com
너머북스와 너머학교는 좋은 서가와 학교를 꿈꾸는 출판사입니다.